통인시通仁詩

김영훈 제6시집

전북 부안 출생 (1936)

줄포 초 · 중학교 졸업, 남성고등학교 졸업
서울대학교 치과대학 졸업 (1960)
서울대학교 대학원 의학박사

《월간문학》으로 등단 (1984)

한국문인협회, 문학의 집 · 한국시인협회, 미래시인회 회원, 대한치과의사문인회 초대회장 역임, 서울 종로문인협회 회장 역임, 국제펜클럽 한국본부 이사

〈치과 의료봉사상〉 수상, 〈문예운동 대상〉 수상

시집으로 『꿈으로 날으는 새』, 『가시덤불에 맺힌 이슬』, 『바람 타고 크는 나무』, 『꽃이 별이 될 때』, 『모두가 바람이다』, 『통인시』 등

(110-043) 서울시 종로구 자하문로 17길 27.
우남 501호
E-mail : blonkim@hanmail.net

| 책머리에

제가 발표한 여섯 권의 시집 중 5권의 모든 시詩를 4행行 4연聯으로 썼습니다.

그간 한국 문학의 시단詩壇에는 시조時調와 자유시自由詩가 꽃을 피웠습니다.

그러나 우리 금수강산에 백합꽃과 장미꽃 2종류의 꽃만 피어있다면 어찌 아름다운 강산이라 하겠습니까.

저는 우리 문학을 더 아름답게 하기 위하여 이 4행行 4연聯 시詩를 통인시通仁詩란 학명學名의 꽃으로 재배했습니다.

다시 말씀드리면 통인시通仁詩는 4행 4연 시詩로 행行으로 보나 연聯으로 봐도 기. 승. 전. 결.(起承轉結)이 되어 보기에도 아름답고 시詩다운 향기를 낼 수 있습니다. 이 시집에는 그간 발표했던 작품을 개작改作 하거나 신작新作을 아울렀습니다.

지구촌 문학인들이 간결한 시형식인 이 통인시通仁詩로 작시하여 소통의 밑거름이 되기를 바랍니다.

세종마을에서 김영훈

내 고향 대나무

김영훈

1연聯 (기起)	먼 고향 찾아갔더니	…… (1행行) 기起
	작은 집들은 사라지고	…… (2행行) 승承
	대숲이 푸른 날개처럼	…… (3행行) 전轉
	집 한 채를 품고 있다	…… (4행行) 결結
2연聯 (승承)	대밭에는 죽순까지 솟아	…… (1행行) 기起
	몇 대가 함께 사는 대가족	…… (2행行) 승承
	실바람 나누어 속삭이며	…… (3행行) 전轉
	발부리 뻗어 내리고 있다	…… (4행行) 결結
3연聯 (전轉)	꽃과 열매를 갖기 위하여	…… (1행行) 기起
	고향을 떠나는 이 시대	…… (2행行) 승承
	대나무는 빈속을 감싸고	…… (3행行) 전轉
	별꽃을 바라보고 있다	…… (4행行) 결結
4연聯 (결結)	어떤 바람이 불어와도	…… (1행行) 기起
	제자리에서 숲을 이루어	…… (2행行) 승承
	날개 접은 원앙새처럼	…… (3행行) 전轉
	이 마을 빈 호수에 떠 있다.	…… (4행行) 결結

| 차 례 |

책 머리에 — 5
통인시(通仁詩)풀이 — 7

제1부

새천년에 ······ 15
내 어린 시절 ······ 16
바람 타고 크는 나무 ······ 17
킬라우에아 화산에서 ······ 18
과일을 깎으며 ······ 19
원고지 ······ 20
안경을 닦으며 ······ 21
내 왕국에 ······ 22
수목원을 지나며 ······ 23
서점에서 ······ 24
핫팬츠 ······ 25
성곽 ······ 26
축복의 땅, 부안에서 ······ 27
도시 공원 ······ 28
아이엠에프 정거장 ······ 29
무인도 ······ 30
보은시대 ······ 31
풍물시장에 가면 ······ 32
탈출 ······ 33

제2부

인왕산 길 ······ 37
싱싱한 것들 ······ 38
풀의 위상 ······ 39
에펠탑 ······ 40
집짓기 ······ 41
북녘 땅에 갔더니 ······ 42
등 굽은 나무 ······ 43
무기를 녹이자 ······ 44
내 어머니의 얼굴은 ······ 45
나무들의 편지 ······ 46
계림의 산수 ······ 47
휴전선에서 ······ 48
비둘기 가족 ······ 49
경계선 ······ 50
밤 ······ 51
숯불 ······ 52
베네치아 풍경 ······ 53
서명을 하며 ······ 54
이승의 끈 ······ 55

제3부

詩안경 ······ 59
매미 시대 ······ 60
그랜드캐니언 ······ 61
서랍을 열면 ······ 62
밤은 후렴이다 ······ 63
망치소리 ······ 64
고추밭에서 ······ 65
일 ······ 66
꽃이 되어 ······ 67
전설적인 이야기 ······ 68
모두가 바람이다 ······ 69
자물쇠 ······ 70
대화(對話) ······ 71
육지님에게 ······ 72
요세미티에서 ······ 73
향내를 맡으며 ······ 74
꽃이 별이 될 때 ······ 75
숲 속에서 ······ 76
안달봉 ······ 77

제4부

밥그릇에 대하여 ……………………………81
참새들의 지저귐 ……………………………82
정자나무에 기대어 …………………………83
베트남 ………………………………………84
작품 …………………………………………85
광장에서 ……………………………………86
숲길 걸으면 …………………………………87
조약돌 ………………………………………88
남방의 별, 인도 ……………………………89
나무와 종이 …………………………………90
별수 없는 사람 ……………………………91
친구여 축배를 ………………………………92
주검 앞에서 …………………………………93
갠지스 강가에는 ……………………………94
세월의 길가 …………………………………95
유통기한 ……………………………………96
고독이 흐르는 땅 …………………………97
강물 …………………………………………98
빛나는 이별 …………………………………99

1부

새 천년에

새벽길을 떠났던 사람들과
파랑의 벼랑에서 구출된 우리들
다시 새해에 몸과 마음을 묶고
항해일지를 눈부시게 쓰기로 하자

이 땅의 젊은 피가 흘러
개울로, 바다에서 한 몸으로
새 날의 태양을 다시 맞이하며
새롭게 타는 뜻을 새기기로 하자

녹슨 탄피는 이제 흙빛이 되고 말려니
포용하고 믿으며 더불어 함께 하고
온전한 나라의 꽃밭으로 가꾸어
새 세상에 벌 나비로 들끓게 하자

우린 늘 깨어있는 정신
한결같이 밝은 성주가 되어
어둔 곳 없게 고루고루 적셔
풋풋한 내일의 천지가 되게 하자.

내 어린 시절

애당초 떡잎으로 돋아
이 땅에서 이슬로 젖고
팔 뻗어 세상의 모든 것에
깃털 같은 손으로 매달렸지

기약 없는 내 모습
앞날의 윤곽만 그리는
날아 보고픈 두 팔
튼튼한 비상이길 난 바랐지

비바람 몰아칠 때는
천 길의 먹구름 저편에 눈과 귀
뚫린 빛 쪽으로 맞대어 놓고
비지땀 털던 젊음

아, 꿈속에서까지 그 때는
독수리로 높이 또 멀리
내 가슴 아래의 온 세상
내 부리와 발톱의 자리를 바라봤지.

바람 타고 크는 나무

햇빛 한 아름 바르고
나무는 바람 타고 자란다
싱싱한 나무는 잎을 흔들며
우주의 질서를 따른다

세상 밖의 온갖 일들
바람이 안으로 끌어가면
나무는 가슴으로 받아들여
단단한 기둥이 되어간다

짙푸른 소중한 자존심도
때가 되면 벗어주는 아량
곧게 뻗어나는 나무들은
헐벗음이 부끄러움 되랴

햇살 따라 가지를 뻗어
달빛으로 속내 닦아내는
이런 나무들 모인 숲이
천하를 맑게 다스린다.

킬라우에아 화산에서

진정한 사랑은 거짓이 없듯
그대 열정의 분화구로
그 속살 도려내는 아픔
소중한 진실을 토해냈지

때론 분노하는 모습
성스럽고 거룩하랴마는
불꽃같은 넋의 타령은
순결의 아름다움이었지

넓고 깊은 태평양 한가운데서
끝없이 파도로 갈고 닦는 일
방울진주의 한을 비기랴
누굴 내세워 가로막으랴

멀리서 숨죽여 기다리다
지난 밤 깊이 잠든 돌개천
덕담이나 얻을까 내 여기 섰다가
화산의 입김에 젖어 간다.

과일을 깎으며

과일을 깎으면서
칼의 효용을 생각한다
뭉뚝한 이 칼날을 갈면
예리한 날이 서겠지

큰 것을 여러 개로 나누어
다 같이 먹을 수 있다면
국경 넘어까지
기쁨이 배가 된다

녹슨 칼을 갈고 닦아 들면
정의의 선봉이 되기도 하지만
때론 선량한 목숨을 노리는
비굴한 앞잡이가 되기도 한다

악한 자가 잡으면 흉기가 되고
어진 자가 잡으면 나눔 되어
화평을 이루는 도구로 쓰이면
이 세상은 더욱 밝아진다.

원고지

한량없이 작은 터에
생각은 네모꼴의 포로가 되어
미완의 글로 방황하다가
새벽에야 나는 간신히 갈증을 푼다

벽을 치는 뜨거운 물음
피울음의 수위가 높아지면
빛 바랜 종잇조각으로 나부끼며
상상의 바다에 외로움만 쌓는다

좌초된 목숨의 속살
긁어모아 되받아 놓는 풍랑
지필묵으로 추스르는 내 알몸
끝까지 태우는 심지가 된다

구겨진 허무까지 챙겨서
가장 깊은 골을 채우고
당겨 조이는 조율의 힘으로
나는 은빛 날개로 날고 싶다.

안경을 닦으며

눈길 가로막는 티끌 지워
내 눈빛 날려 보내면
내 마음의 새가 되어
곳곳마다 날개를 접는다

단단한 껍질보다
보이지 않는 진실을 위하여
눈꺼풀 부릅뜬 내 눈빛새
초점 맞추며 쪼아댄다

때론 내 안을 휘젓고
눈가의 눈물에 젖어
슬픔의 무게로 날아가서
내 아픔까지 숲 속에 묻는다

푸르른 산천을 떠돌다
다시 내게 돌아오면
내 안은 눈빛새의 쉼터 되고
나는 활기찬 몸이 된다.

내 왕국에

마당에 새 떼가 날아와서
빛나는 눈빛과 알 수 없는 말로
이 땅의 주인처럼
나의 존재에 끼어들고 있다

구름 속에 숨어 산을 넘고
바람 타고 강 건너 온 무리
내가 왕이고 싶은 내 땅과
내 나태를 잽싸게 낚아챈다

새들이 짝지어 부르는 노래
사랑의 연극같이 보이지만
시시때때로 지쳐 울부짖는
내 속내보다 즐거워 보인다

나를 점령하고
깃발을 높이 펄럭이며
식민지가 된 내 마음에
사랑의 등불 켜고 간다.

수목원을 지나며

비탈길 지나 숲 속을 걸어 보아라
나무들이 나이테 두르며 생동하는 모습,
바람 불면 모두가 귀를 세워가며
먼 나라 소식에 웅성거린다

뿌리 깊은 나무는 우듬지 높이
활기차게 커 가는 둥근 몸뚱이
잔가지 휘날리는 수많은 사연
가슴으로 삭히어 땅에 묻는다

때맞추어 피어나는 푸른 잎사귀들
모두가 손이 되어 이슬까지 받아
온 몸 닦으며 곧게 자라서
이 세상 떠받는 거목이 꿈이런가

심지가 약해지면 다시 우러러 보아라
줏대 있는 나무들이 잎을 나풀거리며
흔들림은 바람이라고 속삭인다
그 자리 그대로 서서 손만 흔든다.

서점에서

한 걸음씩 숲 속으로 발을 디딘다
가지각색의 본질들로 가득 차고
녹음 울창한 아름드리 거목들의
여러 소리 잠겨 있는 늪지대로 들어선다.

이곳에 들면 혼자가 아니다
전설적인 위인도 더러 만나고
또 시글시글한 파충류에서
공룡의 발가락 사이 세균들도 보게 된다

창세로부터 흘러나온 물줄기
새 천년을 달리는 안개 속 더듬거리며
골짜기를 따라 능선으로 다시 올라
한 갈피씩 기웃거리며 들어간다

탐험가마다 길이 다른 봉우리
만년설 쌓인 꼭대기를 올려다보면
나는 파지에 박힌 낱말로 나부낀다
깃털 하나를 간신이 얻어 타고 나온다.

핫팬츠

핫팬츠는 젊음의 상징이다
왜 그 말에 매력을 느낄까
내 얼굴에 핏기가 돌게 하는
그 존재를 나는 무시할 수 없다

그 재질이나 모양도 상관없이
젊음이 잘 노출 되는
그 말을 듣거나 읽을 때
내 가슴이 왜 두근거리는지

나도 늘 팬츠를 갈아입는다
입고 벗을 때 언제나 외톨이다
지금 탄력이 떨어진 이 몸으로
핫팬츠를 입고 나설 수 없다

내 마음을 타오르게 하는 것은 무엇인가
운동장을 몇 바퀴 돌고 나온 가슴처럼
아직도 신선한 호흡이게 하는 그 단어
내 피는 아직 따뜻하게 돌고 있다.

성곽

—푸에르토리코에서

포성이 쓸고 갔던 이 자리
단단했던 성곽은 그대로 남아
때때로 바람이 숨어 들어왔다 가는
허무의 아지랑이로 피어오른다

그때의 살기는 세월이 씻어내
지금은 성지기의 눈빛에 머물고
우리는 웃음 띠며 쉽게도 입성하여
이 성의 낡은 숨결에 고이 젖어든다

한때는 방패가 되었던 성벽
이제는 허수아비로 꼿꼿이 서서
빛 바랜 의욕을 일깨우며
이방인의 바람막이가 된다

그때의 핏물은 성 밑으로 삭아들어
담쟁이넝쿨의 꽃으로 피었으랴
이따금 몰려오는 낯선 이들은
벌 나비처럼 여기저기 기웃거린다.

축복의 땅, 부안에서

고향에서 뻗어 나온 내 길은
어머니의 정안수로 이루어졌다
청잣빛 하늘이 청자를 낳듯이
여기에는 슬기와 기상이 가득하다

섬광처럼 비운을 뿌리치고
변산의 젖가슴에 볼을 대면
바다는 질풍 같이 달려가라며
손과 팔을 펴 응원을 한다

개벽의 함성이 새만금 열고
열강으로 가는 통로 되어
방방곡곡 인재들이 찾아와
부안사랑은 나라사랑이다

금빛 날개로 저어가는 세월이
낡은 것도 스스로 빛나게 하며
새롭게 피어나는 부안예술의 꽃
우리는 모두 싱싱한 씨앗이 된다.

도시 공원

도시가 안고 있는 공원에 들면
모두가 주인이고 객은 없다
남 몰래 속사정 풀어내니
바람이 스스럼없이 쓸어버린다

꽃보다 웃자란 잡초는 뽑히고
자유로 뻗은 가지도 잘려 나가
그 모양 그 크기 단정한 나무들
다정하게 모여 있어 더 푸르다

햇살이 순결하게 닦아낸 자리
마음의 짐까지 풀고 나면
말갛게 가라앉는 내 삶의 앙금
이승의 한 마디로 맺으리

불거진 가지를 잘라내듯
틀어진 생각도 바로잡는
그런 장소로 머물다가
돌아서는 발길이 가볍다.

아이엠에프(IMF) 정거장

어둠의 터널도 대낮 같이
세상의 창고를 내 것으로 믿고
팔을 휘젓는 일마다 햇살처럼
한때는 금빛으로 넘쳐났었지

때 없이 몰려드는 역 광장
투명한 호수에 떫은 물이 잠기듯
가슴마다 무거운 짐을 싸가지고
갈 곳 잃은 발길은 웅덩이에 고인다

바다 건너 난민들은 어디로 가고
이 광장에 남루의 동포들만 남아
지난 사치의 냉기로 한숨 쉬며
무슨 꿈의 무덤을 파고 있는가

지닌 것 하나 없는 알몸들
하늘 밑의 외딴섬이 된 역 광장
비바람에 젖는 탑이 되어
역사의 향방으로 남아야 하리.

무인도

보는 사람이 외롭지
무인도는 외로운가
새들이 춤을 추며 놀아 주고
늘 파도와 함께 속삭인다

뱃고동 소리 되받아 주고
폭풍이 와도 감싸주는
당찬 나무들이 가득 찬 섬
사람 없는 곳이 무공해다

사람들이 모여 사는 육지나
새들이 모여 사는 무인도나
떠들어 시끄럽기는 마찬가지
어느 곳이 더 요지경 속인가

잠깐 살다가는 생명들
육지도 외롭기는 마찬가지
이따금 눈길이 쏟아지는 섬
무인도는 외롭게 보일뿐.

보은 시대

잡초를 뽑아내고
열매를 따먹으며
나는 왕자처럼 살았다
이젠 내가 뽑혀 버릴 나이

내 땀의 대가로
뿌리와 우듬지까지
울안에 끌어다가
잔칫상을 벌렸지

푸른 가지 뻗어
내 목숨 받쳐 들고
식솔까지 감싸주었던
산천의 꿈나무들

그 뿌리 곁에 잠들어
나무의 힘이 되어 주고
숲의 가슴에서 우러나는
이 땅의 향내를 꿈꾼다.

풍물시장에 가면

동대문 밖 풍물시장에 가면
헌 물건들이 쌓여 있다
진열대에 겹겹이 세워 놓아
수행식을 올리고 있는 것 같다

노인정에 노인들이 모여들 듯
고물상에는 고물들이 모여들어
지난 세월의 풍상을 뒤집어쓴 채
빛 바래고 이 빠진 채 모여 있다

공들여 만든 걸작들이
그간 누구의 노리개였다가
어느 부잣집 쓰레기통에서
알뜰한 자의 손에 구출되었다

만물상에 고즈넉하게 서 있는
모두가 부처라는 부처님상과
모두가 죄인이라는 예수님상도
어느 가난한 구원자가 모셔갈지.

탈출

은하의 별 하나가 지구에 구경 와서
산천이고 바닷가를 두루 거닐다가
두고 온 아기별이 너무 그리워
돌아갈 준비를 하는 동안

빛나던 별이 낡아 빠지도록
빛 바랜 몸으로 비틀비틀 굴러가다
금이 가고 바스러져 돌멩이가 되어
밤마다 형제별을 올려다봅니다

돌들이 매일 하늘에 기도하기를
헐벗고 목말라가는 이 땅을 위하여
지구를 살려달라고 애원하면
하늘은 별똥별이나 던집니다

사람들의 욕심은 과학을 앞세워
나무를 걷어내고 땅을 밀어붙여
깨진 돌로 은하행 철길을 내고
별나라로 탈출을 꿈꿉니다.

2부

인왕산 길

인왕산을 오르는 초입
여름 한철 옥인동의 등마루 녹음이
동터 오는 기슭의 그물 막이로
내 가슴 속에 달빛으로 출렁인다

아득한 세월로 새겨진 독재자
그때의 원성들 다 젊어지고
이 돌계단 단단히 밟고 떠나
지금은 어느 하늘 아래 묻혔는가

감옥 가는 것보다 더 힘들었던
인왕산 오르는 길이었지
속 시원히 외쳐 볼 산정에 서니
옛적 함성이 또 뒷전을 두드린다

산 아래로 자우한 새벽
안개 속엔 높고 낮은 집들
서로 발목을 움켜 안고
그 시절의 설움을 쏟고 있다.

싱싱한 것들

해와 달과 별들이 싱싱한 것은
시시때때로 구름으로 닦으며
밤과 낮을 분명하게 가르고
모두에게 봉사하기 때문이다

바람이 싱싱한 것은
산과 들과 바다를
하나도 놓치지 않고 스쳐도
맑게 보이기 때문이다

눈 뜨면 들어온 탐욕
가슴에서 쓸어내리고
눈물로 참회하는 일
흘린 만큼 싱싱하다

내 마음 흐물거릴 때
남들이 던진 돌덩이로
내 가슴이 철렁이는 순간
그 풍파도 싱싱했다.

풀의 위상

나풀대는 풀잎을
들소들은 찾아갑니다
초라한 것을 찾아가면
누구나 온순해집니다

흙이 풀의 발목을 잡고
"겸손하라 상처를 주지 마라"
풀을 먹고 사는 짐승은
모두 평화롭습니다

풀은 자라며
강풍이 불어도
비명도 지르지 않고
강물을 맑게 합니다

풀 없는 불모지에
황사가 일어납니다
풀보다 큰 나무가 당하는 일
우리들은 흔히 봅니다.

에펠탑

질펀한 망각을 깨치고
낭만의 비탈에 각을 세워
하늘을 향하여 꿈을 이루고자
구라파에 희망차게 솟아 있다

저 탑이 어둠을 응시하면
세느강의 꽃다발로 피어나
물길 따라 먼 나라까지
기쁨을 한 아름씩 전한다

에펠탑을 지나간 바람
분별없는 아집도 녹아내려
가슴마다 순결하고 자유롭게
평등을 속속들이 외친다

어디서 오더라도 벗이 되어
벽과 담을 허문 하나의 세상
햇살은 그늘진 곳 없이 뻗어
파리는 에펠탑이 있어 빛난다.

집짓기

헌 집을 헐어내고
새 집을 짓기로 한다
숱한 사물들을 끌어 모아
붙박이 하나를 만들어낸다

어느 산자락에서 울창했던 것
절벽의 뼛가루까지 깡그리
태초의 성분을 달래어
짝짓기로 변신을 시킨다

종이에다 그림을 그리고
여러 사람들이 한꺼번에
가슴 속 빗금까지 잇대어
우듬지까지 높이 올린다

방마다의 빈 벽에
아쉬움마저 풀비로 적셔
화사한 꽃무늬를 칠한다
겹겹이 인연으로 마감한다.

북녘 땅에 갔더니

하늘은 맑은데
땅은 잿빛이었다
홀랑 벗겨진 산은
삼도화상을 입었더라

선새벽 눈을 뜨면
별들의 눈물로 목 축이고
먹이 찾아 떠나는 새들은
동포들에게 괴로워했다

사방을 둘러봐도 장벽 안
민둥산 아래 생지옥
깊게 들어간 눈망울들이
무슨 죄로 웅크리고 있는가

남쪽은 녹음이 우거져 있는데
어떤 세상을 꿈꾸는지
하늘만 쳐다보고 있는 그들
그 고개를 받쳐주고 싶다.

등 굽은 나무

길가에 서서 한평생 흘려보낸
등 구부린 우람한 정자나무
검푸른 잎마다 활짝 펴
잠시 쉬어가라 한다

가지 끝으로 뻗어나는 여름
새들과 이름 모를 벌레까지 모여
맨 몸으로 노래하며 악단 이룬
이 나무 그늘에 내 땀은 잦아든다

곧은 나무들 다 어디로 가고
긴 세월 혼자 지켜온 이 자리
등 굽은 정자나무 아래 다가서면
모두가 허물 가린 길손이 된다

나는 이제까지 멀쩡한 몸으로
누구에게 즐거움 주었으랴
수많은 사연 등에 진 정자나무
우러러보고 다시 길 떠난다.

무기를 녹이자

미제 검은 안경을 끼고
온 세상을 바라보았다
사막은 온통 금가루
욕심이 날 법도 하더라

점령군이 메고 있는 총알은
알사탕으로 보이더라
그것을 받아들고 떠난 영혼들
약자의 한을 품고 가더라

색안경을 벗자, 온통 핏자국
"총질은 이제 끝장내자"
"무기를 녹여 다리를 놓자"
"오아시스에 손을 씻자"

악몽의 이명증에 시달리던
전상자들은 저렇게 소리치고
이 세상 평화의 눈길이 쏟아져
전쟁의 불길은 꺼져 가고 있다.

내 어머니의 얼굴은

어릴 적의 내 어머니 얼굴은
제일 맑은 물빛이었다
멀리서나 가까이서나 늘
넓고 깊은 샘으로 다가왔다

내가 살아온 세월의 길이만큼
내 어머니의 얼굴에는
실개천 같은 줄무늬가 늘어가더니
눈물의 강은 바다로 변해갔다

어느덧 한없이 넓은
물결 일렁이는 저 대양의
빛 바랜 지도 위에 앉아
펄럭이는 깃발이 되기도 했다

밝고 깊은 물빛의
내 어린 날 어머니 얼굴은
또렷하게 내 안에서 자라
나의 안온한 우주가 되어 있다.

나무들의 편지

별들이 은하수에 몸을 씻고
우리들의 머리에 빛날 때
나무들은 맑은 정신으로
세상 다독이는 편지를 쓴다

심장에서 우러나오는 빛깔로
꽃 피워 열매를 맺던 일
그간의 사연을 이파리에 물들인
아름다운 엽서를 지상에 띄운다

모두 다 헌신적으로
이 땅을 가꾸자는 뜻
한 장씩 띄워 보낼 때마다
나무는 더 곧아진다

바람 타고 오는 낙엽들
자연을 사랑하는 편지
나무는 그대로 세워두자고
가랑잎 소리로 속삭인다.

계림의 산수

내 귀 가득 맴돌던 소문
계림에 와 보니 실감이 나네
봉우리들 기묘하게 피어나서
안개로 살포시 감싸고 있네

계수나무 피리 부는 바람결도
소리 없이 잦아드는 골짝
신선들이 머물다 떠난 자리
이제 사람들이 수련을 피우고 있네

이 세상 번뇌는 비듬처럼 떨어져
이강漓江으로 말없이 흘러가고
나 또한 선인仙人의 마음이 되어
이곳에서 새순으로 돋아나네

저 산과 강물은 한 폭 그림이 되어
뜻있는 이의 방 안 풍경으로 자리 잡고
딴 세상을 꿈꾸는 사람들의
지팡이가 되어주고 있다네.

휴전선에서

송악산 모래알도 낀 듯
범벅된 진흙탕의 임진강변
내 두 손 철조망에 걸고
누구의 눈물로 저 강을 채웠는가

동, 서, 남, 북
사운대는 갈잎소리
귀 기울여 살펴봐도
알 수 없는 거리이려니

잘려나간 강의 허리
쪼아대는 것은 또 무엇이기에
하늘의 백구여, 너는
지금 갈 수 있는 길을 가졌느냐

풍류의 사람 방촌*은
세월의 강을 타고 떠났는데
나는 얽힌 철조망에
갈 길 뺏기고 있구나.

*방촌(厖村) : 황희(黃喜)의 호.

비둘기 가족

어디를 가나 화목한 가정이다
처마 끝이나 쓰레기장까지 돌며
언제나 가족을 위하여 걱정이다
탄식할 때 구구구 구구구

하늘 끝까지 날아가 보아도
세상은 온통 독이 피어나고
평화의 징조는 멀리 달아나
집집마다 헐떡거리는 형편

인정은 남루한 전설이 되어
공해에 시달리는 두 날개로
대를 이어 살아가기엔 너무 힘이 든다
행복을 갈구할 때도 구구구 구구구

산천이나 고향은 폐허다
자식들은 어느 곳에 둥지를 틀고
연약한 두 다리로 서성이며
날마다 먹이 찾아 헤매는가.

경계선

바다가 육지로 기어오르고
육지가 바다로 쓰러지는
끝나지 않는 경계선
해안은 한계가 모호하다

물이 넘치고, 흙이 흘러내려
물과 흙이 범벅이 되는 사이
대책도 없이 허둥대는 곳마다
운명에 맡긴 목숨들

가자지구처럼
거기에는 게도 있고
개미도 있으련만
파도소리만 요란하다.

한 하늘 아래
경계선이 모호할 때
생과 사의 갈림길 되어
아우성만 들린다.

밤

끝난 무덤은 아니다
모든 것 있는 대로 다 늘어놓고
하룻밤을 눈 감는 일로
잠시 생각만 재우는 시간이다

빛나던 물체는 눈멀고
돌아누워 잠시 세상 잊으며
고요한 터전 찾아 숨는 일
그 자리에서 드디어 빈손이 된다

낮이 깡그리 타버린
어둠의 천지에 불티는 남아
우주를 빛내는 저 별빛
쓸쓸함마저 익게 한다

밝음만을 쫓이 몰려다니다가
늘어진 어깨로 밀고 드는 잠자리
어둠이 알몸을 뉘어 놓으면
빈속의 잠을 나는 청하고 있다.

숯불

이승을 어떻게 살았기에
검게 탄 뼈마디마다
열렬히 불꽃을 뿜어
진실을 토해내는가

바람을 만나면
추억이 살아나
춤을 추는 이 불길
또 다른 순결한 몸짓

헤매다 멈춘 내 종말
부끄러움 가리려 가는 날
뜨거운 눈빛으로
나를 지켜보겠지

비수를 녹이는 열기
흔적을 뒤져봐도
거리낌 없는 그 비밀
푸른 꿈으로 곧게 산 보람이다.

베네치아 풍경

도시의 골목마다 무릎까지
옛 땀방울이 물길 이루고
물너울 일렁일 때마다
옛이야기 반짝거린다

사람들이 찾아와서
지난 세월을 뒤적이며
널브러진 고전의 향기에
흠뻑 취해서 떠난다.

해와 달은 자연이고
베네치아는 인공이다
신의 존재는 영원한지
인간이 소멸하는 풍경

길매기도 흰 가슴으로
바다에 발을 씻고
하늘에 날개 닦으며
베네치아를 둘러보고 있다.

서명을 하며

현실의 과녁에
활줄을 당기는 이 손길
고난의 바람이 불어와도
헤쳐 나가는 화살이 되기를

산봉우리 끝날처럼
믿음의 서명이 되어
어떤 비수 앞에서도
비굴하지 않기를

때론 이상기류로 크게 뭉쳐
떠도는 구름을 가로 막아
피땀의 기억까지 씻어내는
메마른 땅에 단비가 되기를

비난의 폭풍이 맴돌 때
이파리 찢기고 가지가 꺾여도
기둥으로 버티어 다시 피어나는
새 봄의 푸른 꿈이 되기를.

이승의 끈

병상에서 백수를 바라보며
다시 일어서지 못하는 어머니
야윈 손 뼈마디로 보이지 않는
이승의 끈을 꼭 붙잡고 계십니다

가풍의 말씀이 아직 남으셨는지
당신의 자손이 아직 미완이어
우리들을 보기가 안타까워
눈을 감고 회상에 잠기시는지

꽃다운 청춘에 혼자 되시어
정갈한 솜씨로 정성을 다하여
오남매를 키우신 당신의 헌신
보답이 될 수 없어 죄송합니다

아무 말 못하시는 어머니 얼굴
뵈올 수 있는 것만으로 행복하오니
이승의 끈을 꼭 잡고 계시는 당신
우리의 기쁨을 오래 간직하옵소서.

3부

詩안경

시안경 쓰고 나면
보이지 않던 것들 떠오르고
그림같이 보이던 것들
화장기 지우고 진실을 보인다

금이 간 낡은 詩안경알도
배고픔까지 꿈의 여백으로 보여
별난 세계로 한 세상 살게 하는
뚝심의 시력을 뿜어낸다

껍질 깨고 나오는 꽃망울들
시인의 눈빛 살피며 피어나는지
돌마저 바스러졌다가 시로 뭉치면
별이 되어 어둠의 빛이 된다

낱말의 수렁에 빠져들었다가
용광로 뿜어 나오는 시의 불길
그을음 닦아내면 생략된 언어들이
구슬 같은 시詩 되어 날개를 단다.

매미 시대

공원으로 나서든 산으로 오르든
푸른 잎이 우거진 곳이면
큰 소리로 숲 속을 다스리는
매미 시대의 한철이다

겹눈에다 짧은 더듬이
길고 뾰족한 주둥이로 뿜는
합주가 녹음에 울려 퍼져
세상이 온통 묻혀 버리고 만다

유충기에 개미 밥이 되어
단명을 탄식하는 서글픔
울부짖음이 헤픈 소리로
산천이 쩌러렁 울고 있다.

새들의 지저귐과 함께
우렁찬 꿩의 소리까지도
절대 한 음량으로 밀리고 마는
여름 한철의 순리가 아니던가.

그랜드캐니언

햇살 곧게 꽂히는 들녘에
무슨 사정이 절박하였기에
이렇듯 처참한 몰골이 되었는지
별들의 눈조차 부릅뜨게 하는가

어떤 중병을 앓았기에
맨살까지 도려낸 상처들
황토빛 신음으로 드러누워
내 마음을 쓰리게 하는가

깊게 패여 잘려져 나간 살점들
하늘까지 휘몰아가서
요동쳐 아름다움으로 나부끼다
누구의 뼈를 다시 감싸 안았으랴

내 살붙이가 모두 떠난 빈 방같이
적막으로 흐르는 이 텅 빈 골짝을
어느 세월로 채워야 하는지
오늘도 아물지 못한 흠집으로 누웠으랴.

서랍을 열면

꽉 입 다문 문을 열면
뼈마디가 틀리는 소리
빛이 쏜살같이 들어가
속내의 어둠을 헹구고 있다

속 깊이 가두어 둔 사물들
한 자리에서 같은 처지가 되어
함께 사슬로 두르듯이
모두 날개를 접고 있다

산지와 제조 연월일
크기와 품성도 제각각인
알갱이들이 한가지로 묶이어
하릴없이 제 일을 기다리고 있다

사람에도 그런 거처는 있어
나름의 사연으로 들어앉아
쏟아지는 그리움 나누며
손꼽아 기다리고 있다.

밤은 후렴이다

노래 부르기는 즐겁다
목청껏 고음으로 뽑아내다가
도돌이표로 다시 돌아가는
그 음절은 얼마나 부드러운가

노동은 신성한 것
온몸으로 부딪히는 일
처리하고 끝난 하루
밤은 얼마나 편한가

악보처럼 호흡을 맞추며
내 일을 열심히 하고 나서
그날의 휴식을 받쳐주는
밤은 후렴처럼 즐겁다

하루를 마무리하고 맞는 밤
잠투정이나 악몽이 찾아와도
온 육신이 편히 쉴 수 있는
밤은 인생악보의 후렴이다.

망치소리

육신이 모래판을 뒹구는
마음까지 풀어지는 소리는 아니다
만들거나 부수는 일이
어느 가슴 속에서 싹튼 것이다

단단한 걸 허무는 일이든가
든든한 걸 만들어 쌓아가는
힘차고 의미심장한 소리
언제나 내 맘을 가다듬는다

해어진 것을 꿰매고
지도를 만드는 바느질품도
귀를 잘 기울여 보아라
분명 망치소리가 들릴 것이다

부수거나 만들거나
무기력을 무작정 거부하는
새로운 생명의 탄생을 위하여
망치소리는 늘 싱싱하기만 하다.

고추밭에서

근엄하게 앉아만 계시던 할머니
고추밭에 마실 나오셨다
입가에 환하게 미소 짓는다
감출 수 없는 기쁨이 솟는 것 같다

비좁고 긴 밭고랑을 따라 나선
아장아장 걸어가는 손주 녀석
푸른 고추가 생각나셨는지
주름진 얼굴이 연분홍빛이다

높고 넓은 하늘같은 할머니의 마음
가문의 씨앗이 여물어가서 그러실까
목숨 걸고 전선에 뛰어들 수 있는
화끈한 젊음이 자라나서 그러실까

희망도 욕심도 없는 노인
기쁨도 슬픔도 다 사그라질 나이
고추 줄기가 이 나라의 탯줄인양
할머니의 얼굴에 고추꽃 피었다.

일

해 뜨면 나를 일으켜
내 손목을 휘어잡고
일터로 끌고 다니며
투명한 소리를 낸다

내 표정 내가 볼 수 없듯이
내 사정 봐주지 않고
이승의 광채에 휘저으며
끊임없이 나를 들볶는다

한눈을 팔고 나면
불길한 징조가 감돌아
꺼칠한 돌멩이로 굳어
내 목덜미를 노린다

일이 완성되면
나에게 든든한 힘을 주는
빛나는 방패가 되어
나를 지키고 있다.

꽃이 되어

산천을 굽이굽이 지나가다
아름다운 꽃을 만나거든
고상한 인심으로 흘러가며
자연 그대로 두고 가자

순결하게 핀 꽃마저
유혹의 대상으로 삼는다면
속 깊은 사람들에게는
속상한 일이 되는 것을

우리들의 허기진 가슴에
꽃내를 풍기는 저 꽃들
한발쯤 떨어져 서서
그 꽃의 사랑을 배우자

빈 하늘에 뿜어내며
환하게 웃는 저 꽃처럼
우리도 인생의 꽃이 되어
이 세상에 향기를 내뿜자.

전설적인 이야기

전설적인 이야기 같지만
오랜 분단의 골이 깊어
한반도의 고양이과 동물들도
빛깔, 크기, 목소리가 달라지는가

햇볕을 먹은 마른 고양이
돼지같이 살찐 남쪽 고양이
휴전선을 사이에 두고 가끔씩
네옹네옹, 골골 소리치고 있네

서녘 바다의 물가에서
두 고양이가 물놀이를 하다가
갑자기 물고 물어뜯기어
바다도 붉은 철조망 되었다네

야옹야옹, 꿀꿀 크게 소리 지르며
세상의 이목이 쏠린들 어찌하랴
굶주린 고양이는 신경이 예민해
옹졸하게 밥을 주다가는 물린다네.

모두가 바람이다

하늘은 비어 있고
땅에는 가득하여
그 사이 오고 가는 것들
모두 다 바람이었다

참새로 울던, 까치로 울던
무슨 뜻으로 울었던지
말이 없는 죽은 자도
한 때의 바람이었다

새들의 날갯짓도
우리들의 발걸음도
삶을 헤쳐가는 몸부림
그것도 또한 바람이다

하늘과 땅 사이
새는 날고 개는 잰걸음
금방 지나간 자리마다
한 가닥 바람이 일어났다.

자물쇠

몸통에 금형 된 요철
눈금이 맞아야 열리는
질 좋은 자물쇠는
언제나 일편단심이다

철벽으로 둘러싸고
다리가 받쳐주는 금고
그 키를 갖는 자만이 통하여
주인은 그 성능을 믿고 있다

꿈을 간직한 옥문
건실한 사람의 것과
허망한 사람의 것은
그 생리가 다르다

품격이 있는 자물쇠
정조를 굳게 지키는데
주인만이 열 수 있는 겹문을
도둑은 언제나 노리고 있다.

대화(對話)

하늘과 땅이 서로 주고받는
자연의 빛나는 대화
늘 보고 사는 우리들
왜 옹졸하기만 한지

하늘이 불호령일 때
땅은 열병으로 타고
슬픔이 가득 찬 하늘에
땅은 흥건히 젖는다

온 세상의 걱정을 그러안고
말없이 흘러가는 저 강물
몸을 낮추어 큰 바다에 가서
하늘에 잔소리를 한다

한 잔 쏟아붓는 하늘과
가슴으로 받아넘기는 땅에
철 따라 변하는 저 풍경들
우리가 보고 있는 수화다.

육지님께

바다에 떠 있는 섬입니다
뭍이 그리워 편지를 씁니다
달려가서 사연을 전하지만
언제나 물거품이 됩니다

육지의 목마른 가슴에
목 축이게 하는 일 모두
화초들의 기도인가요
섬은 뭍을 동경합니다

물거품이 되는 순간에도
후회하지는 않습니다
모래알이 되어 가다 보면
무지개 뜨는 날 있겠지요

뭍으로 갈 수 없는 시간
구름 편지 띄워 보내
님의 가슴을 적시어
사랑의 꽃 피워 드립니다.

요세미티에서

인간이 영장이기를 고집하면
자연은 뻗어날 수 없다
짐승은 목줄이 없어도
질주하는 길은 한정이다

요세미티의 울타리 안
하프 돔의 정상을 탐하지 마라
짐승들이 올라 앉아 쉴 때
우리는 양배추를 씹으며 올려보자

숲을 헤집고 다니는 사람들
그 발목에 족쇄를 채운다면
새들이 자유로이 날아와서
우리를 친구로 감싸줄 거야

고목들 사이로 부는 바람
원시림의 숨결이 흐른다
인간의 탐욕의 손짓에
자연은 시들어가고 있다.

향내를 맡으며

어느 식물에서 채취했다는
작은 병에든 내음
숲을 일으키는 이슬방울이든가
그 꽃들의 목숨을 건 향기겠지

꽃들 중에서 내 눈길을 끄는
가시 돋친 장미꽃에서
그 속의 향을 맡으며
이 세상의 아름다움을 보았다

한 시대의 여울목을
헤엄치는 물고기
늘 몸을 닦으며 살아와도
비늘 냄새로 지내었다

빛 바랜 흙탕물이 되도록
나는 무슨 향내를 피웠으랴
세월이 흐른 다음 몸 사뤄
나는 무슨 향내를 이루랴.

꽃이 별이 될 때

하늘과 땅은 모두 꽃밭이다
내가 태어난 내력이며
여기저기 피어나는 꽃들과
저 별의 비밀을 다 알랴

흘러가는 구름이
이 세상을 내려다보며
제일 아름답게 핀 것을
하늘에 추천했을 거야

가난의 띠를 두르고
깨끗하게 살았던 것들만
천상의 별이 될 수 있지
나는 지금 이 땅의 꽃이랴

저 대륙의 초롱초롱한 눈빛
털어버릴 것 없는 꽃망울들
그 꽃이 별이 될 때
나는 무엇이 되랴.

숲 속에서

정자처럼 넉넉하지 않다
눈빛 푸르게 떠
밤과 낮을 접으며
모여 대립하는 몸짓이다

가지마다의 의욕
묵은 사연을 잎에다
붉게 새겨 떨쳐버리고
고적하게 커가는 몸뚱이다

본능으로 다진 알갱이는
허구의 껍질에 쌓아
그늘 아래 묻어 두고
푸른 꿈을 틔우는가

평생을 맴도는 그 처지
바람 같은 빈 자리 남기며
허락하는 그릇만큼의 높이로
스스로를 곧게 세우며 서 있다.

안달봉

서둘러 왔다
때로는 속을 태우며
조급하게 안달이 나서
헤맨 세월이었다

서로 손을 잡았다가
다시 손을 뿌리치고
모두가 방랑자로
결국 혼자서 가는 길

수많은 갈림길에서
내가 지나온 길에
내 허물덩어리 쌓여
안달봉이 되었다

뼈에 사무치는 후회
돌이킬 수 없는 부끄러움
내 어리석은 안달봉에서
세상을 다시 바라보고 있다.

4부

밥그릇에 대하여

아담하게 다듬어진 밥그릇
기쁨과 슬픔이 뒤섞인 내 기억들
젖었던 꿈을 헹구어 내는 일이
새벽에 내가 챙겨야 할 목숨의 몫이었다

그 안과 내 속에 있는 공간이
오래 비어있으면 서글픔으로 가득해지고
정갈한 것들만 잘도 빨려들어
나도 깨끗한 그릇이고 싶었다

어쩌다 그를 멀리함은 나의 종말일지니
배고픈 짐승처럼 허덕이다가
허리끈 조이며 큰 산 하나를 넘고
심해도 건널 불을 당기는 짓도 하겠지

그늘진 곳에서 온전한 나이를 채워
외로움을 털고 밖으로 나서면
순금빛 문화를 가득 채울 그릇으로
아스라한 생명, 그 빛이 될 테지.

참새들의 지저귐

순금의 아침 햇살 하며
해질녘의 고요를 깨는 소리까지
작은 몸집에 그 속은 어떤지
모이면 뒤엉켜 잡담만 늘어놓는다

가을날의 고개 숙인 곡식 앞에서
여름의 푸짐한 그늘 집에서
수다를 떠는 것을 보면
배고픔이나 추위는 아니라는 뜻이다

둥지를 떠나 소리치는 까닭
대체 무슨 의미인가
떼 지어 몰려나간 자국엔
배설물이 쌓여 지저분하다

이엉 위에 꼬리를 나란히 하고
함께 부르는 지저귐이라면
어린 날의 때묻지 않은 내 눈처럼
차라리 우리 귀를 열어놓을 일.

정자나무에 기대어

천 년의 세월을 넘어
높게 퍼지는 큰 나무
푸르름과 헐벗음 휘날리며
햇빛과 달빛도 고루 달래었다

사람들 모여드는 네 오지랖에
괴로움 혹은 즐거움 받아 안고
속내까지 털어내던 지난 날
난 홀가분하게도 잘 돌아섰었다

인정이 말라가는 이 땅에서
새들이며 이름 모를 벌레까지
품어 재우고 또 힘 실어 보내며
이 세상의 기둥으로 다짐했다

이제는 젊음 깡그리 떠나버리고
쓸쓸한 쉼터가 된 이 자리
속이 삭아드는 몸뚱이를
무심한 세월은 긁고 간다.

베트남

모래톱에서 손을 씻고
정신 가다듬어 떠난 이방인들
이제 이 민족의 양심을 배워
다시 화평의 등불로 들었어라

안남산맥의 물줄기 따라
동과 남의 바다로 뻗고
밤낮 넓어만 가는 땅에
힘찬 깃발로 꽂았어라

수많은 동식물의 보고까지
짓밟고 다니던 군홧발들
길을 잃고 숲 속을 헤매다가
눈물 소나기로 뿌리며 떠났지

목숨보다 질긴 그 자존심으로
이제 모든 흠집들 땅에 묻고
귀한 꽃들이 가득 핀 터전에
풍요의 나라로 일어서더라.

작품

백발이 되었다
초면 인사를 할 때
백지 한 장씩을 들고 만나
지금도 그 종이를 들고 있다

내 속내의 물감
아내가 든 그림이 되고
아내의 속내는
내가 든 그림이다

두 장을 배접하여
한 장의 단단한 화선지에
걸작품을 완성하리란 기대
이제 낡은 꿈이 되었다

아내와 나는 날마다
상대의 오지랖 여백에
자기 초상을 그려 넣으며
얼비친 자기 얼굴을 본다.

광장에서

눈빛 들어 넓은 하늘 보며
가슴 속 의뭉들 끌어내서
흔들어 꿈 깨울 저 바람결
편편으로 띄워 세상에 흩어보자

소용돌이의 험함 밀려들 때
목마른 허기의 내 땅에서
뼈 속 깊숙이 스며들
한 잔의 정화수 걸러 내보자

앞가림할 수 없는 어둠
얽힌 사연들 낱낱이 풀어
뒤척이며 화톳불 지피고
진실 익힐 자리라도 다져보자

한 번쯤 이 광장에서
뉘라도 속 시원히 외쳐볼
이 새로운 터전에 서서
새벽 동을 멀리 바라보자.

숲길 걸으면

누구를 위한 푸르름인가
인적이 드물어 외롭지 않은 나무
새들과 정담을 나누며
나무답게 사는 것이 꿈이라네

나무들이 푸른 가슴 열어 놓아
내려다보이는 가지에서
새들은 어깨를 나란히
풍경을 아름답게 속삭이네

문명의 사람들이 길을 내고
자연 사랑으로 다가서면
나무들은 근심의 얼굴로
하늘만 쳐다보고 있네

내가 밟는 가랑잎 소리에
나무들의 달갑지 않은 눈짓
새들이 산 너머로 날아가
숲 속에도 삶의 애환 있네.

조약돌

어떤 사연 흘려
강가에서 밤낮없이
이리저리 뒤척이다
조약돌이 되었는가

비바람 모아
그 형상 꺼칠하게
다듬은 세월의 고움
바닷물로 넘치고

철없던 시절의 한 모서리
평생을 다듬으며
누구에게 상처를 주어
이 모양을 입혔을까

내 오늘 조약돌을 보며
남은 인생을 더 곱다랗게
뼛가루 흙이 되도록
이 조약돌 떠받고 싶다.

남방의 별, 인도

열대 나라에 달려와
광활한 대지에 세워진
유구한 보물들을 보며
바람처럼 스쳐간다

급변하는 이 시대에
밀알로 남아 있는 관습
이 세상의 보석으로
순도 높게 빛나고 있다

해탈이 담겨 있는 마을마다
순정이 가득 넘쳐흘러
내 마음의 고단을 씻어내니
이내 온몸이 가벼워진다

지성이 싸터 올라
항상 꽃이 피는 옥토
인도는 남방의 별 중의 별
큰 별로 영원히 빛나리.

나무와 종이

우듬지와 가지에 초록 눈 떠
꽃 피고 열매를 맺어
만찬의 무대로 서 있다가
이제 종이로 누웠다

푸르게 치솟던 나무들
형체는 없어도 본성은 남아
글나무 숲으로 일어나서
다시 바람을 탄다

푸른 잎 우거진 나무처럼
백지에 모여드는 낱말들이
모든 소리를 가두어 놓고
부활의 축제가 열린다

신실한 언어가 꽃피어
건실한 열매를 맺는 일
이파리와 종이는 빛 바래가는
역사의 낙엽으로 쌓인다.

별수 없는 사람

허물어져 가는 내 육신을
의자에 단단히 묶어 놓고
소음도 다 차단한 채
독방에 가두었다

그간 올바르게 왔는지
뒤틀린 곳은 없는지
물어보고 또 다그쳐도
굳게 다문 입술이 힘차다

탁한 세상에서
오염을 거부하며
별이 되겠다던 나에게
지금의 좌표를 묻는다

오늘따라 내 몸이 측은하다
낯설지 않은 과거를 얼버무리려
기다려도 대답 못하는 그 사이
누군가 내 수렁의 문을 확 열었다.

친구여 축배를

얼싸안고 만난지 얼마만인가
세월의 깊은 정 담아 오니
하늘은 기쁨의 창을 열고
우리의 재회를 반기고 있네

교문에서 지구촌 곳곳으로 달려가
빛나는 연구와 인술로 봉사하며
세상의 아름다운 미소를 가꾼 그대
그대의 양손을 잡고 춤추어 보세

성급하게 떠난 친구들도
우정을 갈라놓을 수 없어
오늘은 하늘 궁전에 모여
우리를 내려다보며 축하하네

분단의 철조망은 방치되어
아직도 우리를 슬프게 하지만
오늘은 모든 근심 털어내고
축배를 높이 들어 합창하세.

주검 앞에서

언제나 순간으로 당하는 시각
절규하는 아우성도 뿌리치고
당당하게 찾아가는 저승길이었던가
이편에서 캄캄하고 아늑하기만 하네요

바람자락 거머쥐고 가버린 그 길
아무런 것도 기록은 없어
사무치는 생각들만 돌비석 되고
구석구석 허전으로 채울 뿐이네요

머리카락보다 가는 숨결
곡마단 어릿광대 같은 삶
잊혀지고 말 이름 몇 자 남겨 놓고
북망산 고갯길을 단숨에 간다오

남은 우리는 무릎 꿇고 향 피워
이승의 티끌 먼지 다 털어내고
당신은 밤하늘의 별빛에 의지해
까마득한 아래 세상 굽어본다오.

갠지스 강가에는

밥 한 톨 흘리지 않는 길거리
대기의 열기를 가득 진 소들은
걱정 없이 늠름하게 서서
내 짐을 내려놓으란 눈치다

산 자는 수심에 쌓인 티끌
저 흐린 강물에 씻어내며
믿음이 가득 찬 맨몸으로
향기 나는 소원을 빈다

죽은 자는 불길로 승화되고
최후의 잔재는 강이 품어
침전으로 다스리며 흘러간다
강은 언제나 하늘의 뜻에 따른다

강물은 강둑을 잡을 수 없어
이별의 손만 흔들고 가는데
내 안타까운 이 순간에도
햇살은 쏟아져 세상을 바꾼다.

세월의 길가

가로수를 붙들고 있던 것들
우수수 다 떨려나고
가볍게 뒹굴던 것들
쓸려 흰 눈으로 덮인 길

숨죽은 하얀 길 위를
자국 남기고 떠난 사람
아직도 세월은 남아
뉘우침으로 걸어야 하리

삼백 예순 다섯 날의 끝에서
무리진 시각을 자르고
다 저문 나루터에 서서
우린 빈 몸으로 강을 건너야 하리

무변의 하늘로 뻗어
풀빛 그리움 챙기는 땅처럼
가슴에 맺힌 작은 멍울
내일 밝히는 새순으로 받들리.

유통기한

많은 갈림길 가운데
내가 선택한 이 길
오늘따라 되돌아보니
허전한 외길이다

유통기한이 다 되어
능력은 떨어지고
머리를 흔들어 보아도
건망의 거품만 떠오른다

이 나이에 고민은 사치다
죽음 앞에 백약이 무효라
잠을 이루지 못하는 시간은
유통기한을 늘여 빼는 기간

시효의 낭떠러지 앞에서
밤새도록 뒤척이는 시간
날이 밝으면 다 소실되는
내 몸의 한계점에 섰다.

고독이 흐르는 땅

땡볕에 떠는 놈하며
잠 못 이루는 놈까지
서로 먹이로 낚아채니
숲이 없어 수심이 가득하다

북녘 땅에는
쫓고 쫓기는 일
등뼈에 숨차 붙지만
어디에도 숨을 곳이 없다

북녘 하늘을 훨훨 날아
사방을 휘저어 봐도
무슨 먹이가 있으랴
제 풀에 주저앉고 마는 것을

다시 한 세대가 등장하는
빛나는 무대를 위하여
숲이 번성하고 무성하여
모두의 고독을 다스려야지.

강물

동으로 가든 서쪽으로 가든
남으로 가든 북으로 가든
서로 방향은 다르지만
모두 한 곳으로 모인다

걸어가는 사람이나
뛰어가는 사람이나
기어가는 사람들 모두
세월의 강물이다

몸부림 쳐봐도
돌이킬 수 없는 물길
이승의 햇살 속에서는
저승의 강물을 볼 수 없다

하류를 흘러가며
나는 급물살이 되어
흙탕물이 소용돌이 치는
인생길 보며 간다.

빛나는 이별

많은 사람들이 헤어질 때 웁니다
혹은 웃고 가는 사람도 있겠지만
영영 돌아올 수 없는 길이라고
울고 간다는 것은 더욱 슬픈 일입니다

좌절과 환희 모두 다 떨쳐버리고
그토록 나풀대며 비벼대던 이 몸짓
다시 돌아올 수 없는 길이지만
재우고 또 조용히 가겠습니다

이제까지 내뱉은 서투른 말과 글
지우지 못하는 낙서를 세월에 버리고
낙원을 꿈꾸는 꽃들이 달게 마시도록
이 땅의 흙 속에 녹아들겠습니다

서러울 것 없는 미안한 생각으로
만인이 좋아하는 꽃을 위하여
그 뿌리까지 스며들겠습니다
꽃들의 성찬이 되는 일 참 기쁩니다.

김영훈 제6시집
통인시(通仁詩)

저　자 | 김영훈
발행자 | 오혜정
펴낸곳 | 글나무
서울시 중구 저동2가 78번지 비즈센터 905호
전　화 | 02)2272-6006
등　록 | 1988년 9월 9일(제301-1988-095)

2012년 4월 19일 초판 인쇄 · 발행

ISBN 978-89-91356-55-9 03810

값 10,000원